I0169095

Los Pequeñitos de Dios en Mozambique

Milagros escritos para niños de todas las edades por Mamá G.

ISBN:978-1-9454423-03-1

(c) Copyright 2016 all rights reserved

Con ilustraciones de niños artistas:

Buscando pequeñitos..................Shaylah Grech

Nina.......................................Russ Kosonovich

Helena.....................................Johnny Johnson

Arreglos de ilustraciones...................June Taylor

Composición y Diseño...................Diane Connis

Financiación............................Dinero milagroso
        de algunos pequeños que querían ayudar
        a otros pequeños

Dedicado a nuestro querido Papá Celestial que ama profundamente a TODOS SUS PEQUEÑITOS en todas partes.

Introducción

El primer libro muestra los milagrosos hechos de un Dios de amor por sus pequeños, y fue por Él inspirado a través de mi hija Shana. Es un privilegio y una aventura reunir y compartir estos relatos para que todos los pequeños conozcan a su Padre Amoroso — ¡que está siempre cerca y puede hacer cualquier cosa!

El tema de esta serie fue cantado hace años por Shana y sus hermanas muchas, muchas veces. Ha llegado el momento de que el poder de Dios ¡se manifieste en y a través de los pequeños!

We are God's Little People
We got a light, and we're gonna let it shine!
We are God's Little People
God's little people are God's BIG PEOPLE sometimes!

La letra en negrita relata historias para niños pequeños; se añaden más detalles para niños más grandes. Busque la paloma en los dibujos, símbolo de nuestro Padre Celestial que está siempre cerca.

--Thelma Goszleth --
E mail: godslilpeople@gmail.com
Web: www.godslilpeople.com

Esta serie es una respuesta a mi búsqueda de verdaderas historias milagrosas para niños pequeños. Los niños creen muchos cuentos de hadas sin dudar nada. Esto me entristece, porque sé que hay muchos relatos verídicos y sobrenaturales que contar. Oro para que otros muchos también oigan la llamada a crear materiales que revelen la realidad del ámbito celestial para los pequeñitos en todas partes.

Gracias Mamá por las horas de amor que has derramado en este proyecto. Gracias Jesús, por la vida abundante que excede a nuestra comprensión. Que al leer estas experiencias podamos tener un vistazo mucho más amplio del Reino de Dios.~Shana Orser~

La Búsqueda de Pequeñitos

**África
es tierra
de elefantes,
leones
y jirafas.**

África es muy grande
y muy calurosa.
Contiene desiertos
y montañas
y millones
de personas.

Mozambique es un país de África en el que viven muchos niños que no tienen mamá ni papá.

A los niños que no tienen padres se les llama huérfanos. No tienen casas donde vivir.

No tienen quien les dé comida ni ropa que ponerse.

No tienen a nadie que les ame o les acaricie cuando se acuestan por la noche.

No tienen a nadie que les abrace cuando lloran; nadie les da de comer cuando tienen hambre.

Muchos niños pasan hambre y están enfermos y temerosos — muy temerosos.

No tienen techo para resguardarse. Pasan mucho calor y mucha sed, salvo cuando llueve.

Viven en la calle, o en la selva, o en los vertederos de basura... entre chinches y serpientes y moscas.

¿Ve Dios a estos niños pobres y tristes? ¿Se preocupa de ellos?

¿Ama Dios a los niños sucios que se pegan por conseguir un trozo de pan? ¿O a los niños que huelen mal?

¡Sí! ¡Dios les ama mucho, mucho, mucho, mucho!

No importa si son buenos o malos, si están limpios o sucios. Cada niño es especial para Él.

Dios oye a cada pequeño que llora y se fija en quien está dispuesto a ayudarle.

Un día, Dios vio a unas personas muy amables que iban a Mozambique.

Dejaron una vida muy agradable y una casa muy bonita
para ir a vivir en un país muy pobre y muy caluroso.

El Papá Rolando y la Mama Heidi, con su hijito Eliseo y su hijita Cristalina, fueron a vivir a este extraño país.

Todos tuvieron que acostumbrarse a la suciedad, al calor y a los
¡MOSQUITOS! Pero no podían acostumbrarse a los niños abandonados.

Por todas partes había niños pobres, tristes y abandonados.

Los niños tenían otro color; hablaban otro idioma. Pero todos necesitaban ser amados.

Entonces la Mamá Heidi y el Papá Rolando se propusieron amarles y darles de comer. Y se llevaron a vivir con ellos niños mayores y pequeños.

Pero algunos niños estaban enfadados y temían a estos extraños.

Todos los días Mamá y Papá decían a los niños que Jesús les amaba mucho, mucho.

El amor de Dios es poderoso para tocar a todo el mundo en todas partes.

Mamá Heidi les abrazaba y oraba por ellos. Les decía que Dios puede hacer milagros en su favor.

Milagros son cosas que hace Dios y que la gente cree que son imposibles. ¡A Dios le encanta hacer milagros!

Y Dios ayudó a Mamá y Papá a hacer muchos milagros.

A veces tocaban a personas enfermas y ¡ellas se ponían bien! La pequeña Magdalena era sorda, hasta que un día ellos le tocaron los oídos. ¡Entonces pudo oír perfectamente!

Muchos niños comenzaron a amar a Jesús. Rogaron a la Mamá y el Papá que les dejaran vivir siempre con ellos.

Dios dijo a Mamá Heidi y Papá Rolando que los adoptara y les cuidaran siempre. Sus hijitos tuvieron que compartir con los demás niños, y además, quererles.

Venid, venid con nosotros a casa, decía la Mamá Heidi, y la casa se llenó de niños.

Tuvieron muchos problemas. Entonces, Dios les envió algunos ayudantes… ¡muchos ayudantes!

Papá Rolando seguía buscando más niños cuando volaba en su avioneta.

Por todos los sitios que iban hablaban de Jesús y veían milagros —como la multiplicación de la comida para que hubiera bastante para todos. A veces, los recién nacidos resucitaban.

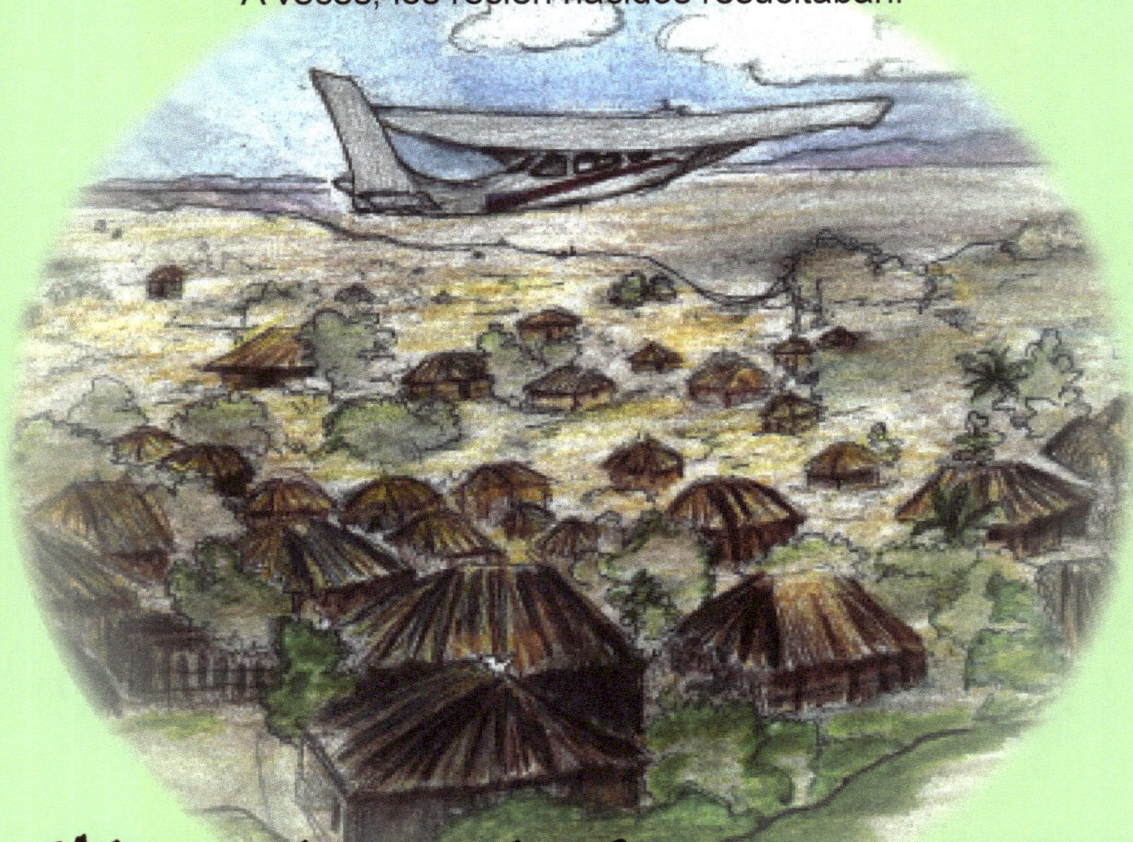

Más mamás y papás africanos empezaron a amar a Jesús. Ellos también querían ayudar a los niños abandonados.

No fue fácil encontrar a algunos niños... estaban en pueblos alejados donde no llegan las carreteras. Pero Dios les ayudó a encontrarlos.

Los niños se alegraban mucho cuando eran encontrados, y de tener comida y una familia.

Otras chozas se llenaron de niños, y todos tuvieron que compartir la comida y la ropa. Pero estaban contentos; todos juntos amaban a Jesús.

Cuando Dios vio que los niños estaban contentos, sonrió y dijo: «¡Eso es bueno! ¡Muy bueno!».

Nina

**Nina era una niña crecidita.
Tenía once años.**

Vivía cerca de Maputo, en Mozambique.

**Estaba muy sola.
No tenía familia.**

Cuando era pequeña,
la abandonaron delante de un vertedero.
Allí es donde ella vivía.

La única comida que encontraba era la basura que otros tiraban.

Muchas personas vivían en el vertedero. Hacían cobertizos con tablas y restos que encontraban en la basura. Usaban la ropa que encontraban en el vertedero.

Nina estaba muy sucia. Su vestido estaba roto.

Hacía mucho calor. Salía humo y el aire estaba pegajoso. Había plagas de moscas y mosquitos..

A veces Nina pisaba vidrio roto. «¡Ay!, ¡ay!, se lamentaba» Pero no había nadie que la ayudara.

Nadie le ponía una tirita en el pie, ni la consolaba.
Esto es lo que hacen las mamás, pero Nina no tenía mamá.

Cuando llovía Nina intentaba cubrirse con un cartón.

Una vez se resfrió y empezó a toser mucho. Estando enferma,
soñó con una mamá amorosa. Pero se despertó y seguía estando sola.

**Nina estaba siempre enferma
y muchas noches tenía miedo.**

En el vertedero vivían malas personas. A veces la perseguían,
y la agarraban y le hacían daño. Ella les odiaba.

**Dios miraba desde el cielo. Preparó un plan
para rescatar a Nina. Pero antes necesitaba
a una ayudante. Y encontró a la Mamá Heidi.**

Dios dio a la Mamá Heidi una imagen mental, algo así como un sueño.
Ella andaba y danzaba con Jesús sobre la basura. Entonces se le acercaron
niños harapientos y sucios. Y cuando ella y Jesús tocaban a los niños,
¡ellos eran sanados, limpios y contentos!

**Dios dio a la Mamá Heidi tanto amor que empezó a
repartirlo. Encontró muchos niños sucios, enfermos
y hambrientos en el vertedero. Se preguntaba:
«Oh Dios, ¿qué puedo hacer por ellos?»**

Aquel era el peor sitio que ella había visto.
Las moscas se posaban en la cara de los niños
mientras éstos escarbaban en la basura hedionda.

Sólo Dios sabía qué hacer.
«Comienza a amarles, uno por uno», le dijo. *

Algunos niños que habían hecho daño a Nina, querían matar a la Mamá Heidi. Entonces ella les habló de 'la imagen del sueño' que Dios le había dado. Y se pusieron a llorar. Cuanto más oían hablar de Jesús más querían conocerle.

Así pues, ella iba allí todos los días para
¡repartir amor! Y también les daba pan.
Entonces les habló de Jesús. Ellos le dijeron:
«¡Parece que Él es bueno! ¿Puedes traerle aquí?»

Dios seguía mirando a Nina.
Se le saltaron las lágrimas.

A veces Sus planes llevan mucho tiempo. Pero Él nunca olvida lo que hace. Y nunca deja de amar.

Un día la Mamá Heidi encontró a Nina.

Estaba muy enferma. Tenía tuberculosis, SIDA y otras enfermedades graves.

La Mamá Heidi la abrazó y derramó en Nina mucho amor de Jesús.

Ella se sintió amada y especial por primera vez en su vida.

Después de ese día, Nina esperaba a la Mamá Heidi todos los días. Quería oírle hablar de Jesús.

Muchos niños rodeaban a la Mamá Heidi.
«Nosotros también queremos que Jesús sea nuestro Amigo», le dijeron.

Tanto amor de Jesús salía de la Mamá Heidi que Nina sentía calor en su corazón.

Nina empezó a ser diferente. En vez de tristeza y odio, ahora solía estar contenta.

A veces la Mamá Heidi la llevaba a casa por algunos días.

El Papá Rolando levantaba tiendas, para poder llevar más niños a casa.
Trabajaba muy duro porque él también quería mucho a los niños.

Un día, Nina dejó de toser. «¡Dios me ha sanado!», dijo. «¡Es un milagro!».

Nina empezó a hablar a otros niños del Amor de Dios, y del poder milagroso que le había sanado.

Mamá y Papá tenían preparada una gran sorpresa para Nina. «¿Te gustaría venir a vivir con nosotros en nuestra casa y ser una de nuestras niñas?».

¿Creéis que Nina dijo que «Sí»? ¿Creéis que ella quería ser parte de la familia?

«¡Oh, sí, sí, sí!», dijo Nina. Y ese mismo día se la llevaron a casa.

La bañaron y le lavaron la ropa. Tuvo comida y un sitio donde dormir. Y sobre todo, tuvo una mamá y un papá que la querían.

Nina quería mucho a su Mamá y su Papá. Les dijo que estaba muy contenta de tener una familia y un hogar seguro.

Sabía que Dios la amaba y que siempre estaría con ella.

Nina amaba a Dios y le dejó hacer milagros en su corazón. Él sacó de su corazón muchas cosas malas y puso cosas buenas.

Nina cambió muchísimo. Empezó a ser amable y a hacer cosas buenas.

Le encantaba cantar y bailar como a la Mamá Heidi.

Dios se alegró mucho. Él tenía un buen plan para Nina. Su nombre significa: «Llena de Gracia». Su Papá Celestial le dio un corazón lleno de amor y de gracia.

Nina recibió tanto amor que volvió al vertedero a buscar a otros niños necesitados de amor y de ver milagros.

Llevaba pan y empezó a orar por ellos. Consiguió que amaran a Jesús y que fueran sanados. «Jesús os ama. Él os ayudará como me ayudó a mí».

Nuestro Papá Celestial tiene buenos planes para todos sus pequeños... ¡como Nina, y como tú! Él no quiere que nadie se pierda, ni esté solo, ni sufra.

Helena

Hacía un día muy brillante y caluroso
en Mozambique. Los pájaros cantaban.
Una niña pequeña ayudaba
a su abuela.

Debido a la guerra y la enfermedad,

muchas mamás y papás habían muerto.

Esta niñita no tenía mamá ni papá.

La abuela no estaba contenta. Trabajaba
mucho para encontrar comida y estaba cansada.
Helena, la niña pequeña, cantaba mientras ella
trabajaba. Quería hacer feliz a su abuela.

Como muchos africanos, la familia de Helena vivía asustada y rezaba

al demonio. No conocían a nadie que fuera bueno y amigo de Dios.

Helena nunca había oído hablar de Jesús,
pero su Papá Celestial la quería muchísimo.

Una noche, mientras
Helena dormía se incendió
su choza de paja.

¿Puedes imaginar con qué rapidez
consume el fuego una choza de paja?

¡Se despertó envuelta
en llamas! ¡El fuego se
extendió! «¡Socorro!,
¡socorro!», gritaba Helena
llorando desesperada.
Sufrió graves quemaduras.

¡Se quemó casi totalmente la pierna!
No oraron a Dios porque no le conocían.
¡Y no pudieron ir a un hospital!

Helena casi se murió.
Tardó mucho tiempo en mejorar.

Sólo le quedaba una pierna, y su abuela le dijo:
«Ya no puedes trabajar, de modo que ya no puedes quedarte conmigo»,
Y pidió a sus hermanos que se la llevaran.

Un día sus hermanos la llevaron al campo y la dejaron allí para que se muriera. Pero Dios vigilaba. Le dijo: «Yo te amo, pequeña Helena. Yo te ayudaré».

Helena significa 'Brillante'. Dios tenía un plan para su pequeña Brillante. «Haré que brilles en un sitio oscuro». Y cantó sobre ella: ... «Esta pequeña luz, la dejaré brillar...».

Entonces, Dios envió a un hombre que andaba por el campo, justo por donde ella estaba tumbada.

«¡Oh no! ¡Una niña pequeña!, ¡viva!».
La niña estaba malherida, tenía cicatrices y una sola pierna.

La recogió y la llevó al hospital.

Cuando Helena por fin se despertó preguntó dónde estaba, y la enfermera le dijo que estaba en un hospital.

Estuvo allí durante nueve largos meses; su cuerpecito fue sanando poco a poco. No era un buen hospital. Era un sitio sucio y caluroso, y daban muy mal de comer.

Después de mucho tiempo, el médico le dijo que ya se podía ir a casa.

Sentada en un peldaño con su muleta, pensó: «¿Dónde puedo ir si no tengo casa?».

Helena estaba en la ciudad de Maputo…sin casa, sin dinero, sin comida y sin amigos. Tenía un amigo en el Cielo, pero no le conocía.

Lloró. Se sentía muy triste, muy sola y temerosa.

**Sollozó por la calle.
Tenía hambre. Pidió a la
gente un poco de pan**

Pero la gente seguía su camino. No se
preocupaba de una niña coja y mendiga.

**Conoció a otros niños
que mendigaban comida
y se quedó con ellos.**

No eran niños amables ni gentiles. Estaban
tristes y hambrientos, como Helena. Dormían
donde encontraban un hueco para echarse

**¿Se había olvidado Dios
de Helena? ¿Había dejado
de amarla? ¡No!, ¡No!, ¡No!**

¿Estaba demasiado coja y herida
para ser una luz brillante?
Dios decía: «¡No!, ¡No!, ¡No!, ¡Helena será
una luz muy brillante y hermosa!»
Y volvió enviar a alguien a buscarla.

Era de noche y la Mamá Heidi estaba buscando niños perdidos. Les decía: «¡Jesús te ama mucho! Él quiere ayudarte».

Cuando Helena oyó que Jesús había dado su vida porque la amaba mucho, comenzó a llorar. «¿Hizo eso Jesús por mí? ¡Es maravilloso! ¡Muy hermoso!».

Cuando la Mamá Heidi vio a Helena llorar, la abrazó y oró por ella.

Helena siguió preguntando: «¿De verdad Jesús murió por mí? ¡Entonces quiero conocerle y amarle!».

Fue como si se encendiese una luz brillante en el corazón de Helena. «¡Siento el amor de Dios en mí corazón! ¡Estoy muy contenta,» exclamó!

Nunca antes había sentido un amor como aquel. Nadie la había abrazado ni amado.

La Mamá Heidi se la llevó a casa aquella misma noche

¡Fue como un sueño milagroso!

La niña se acurrucó en una esterilla, sonrió y cerró los ojos. Era muy feliz, estaba segura.

...a resguardo de la lluvia, y de los hombres malos, de que la ofendieran y se burlaran de ella. Y a resguardo del diablo.

Cuando se despertó a la mañana siguiente, muchos niños hablaban y reían. Esta Mamá y este Papá itenían una familia muy grande! ¡Y olía a comida guisada!

¿Puedes imaginarte cómo se sintió allí echada, con los ojos cerrados, escuchando y esperando que aquello no fuera sólo un sueño?

En esta casa, ¡todo era distinto!
«¡Había suficiente comida para todos!».

Su nueva familia oraba y adoraba a Dios todos los días. Él limpiaba
muchas cosas malas de sus corazones, y también del suyo. ¡Esto era un milagro!

Helena se fortaleció. Un día dijo:
«¡Mirad cómo camino con mi pata de palo!
¡Pronto danzaré para Jesús!».

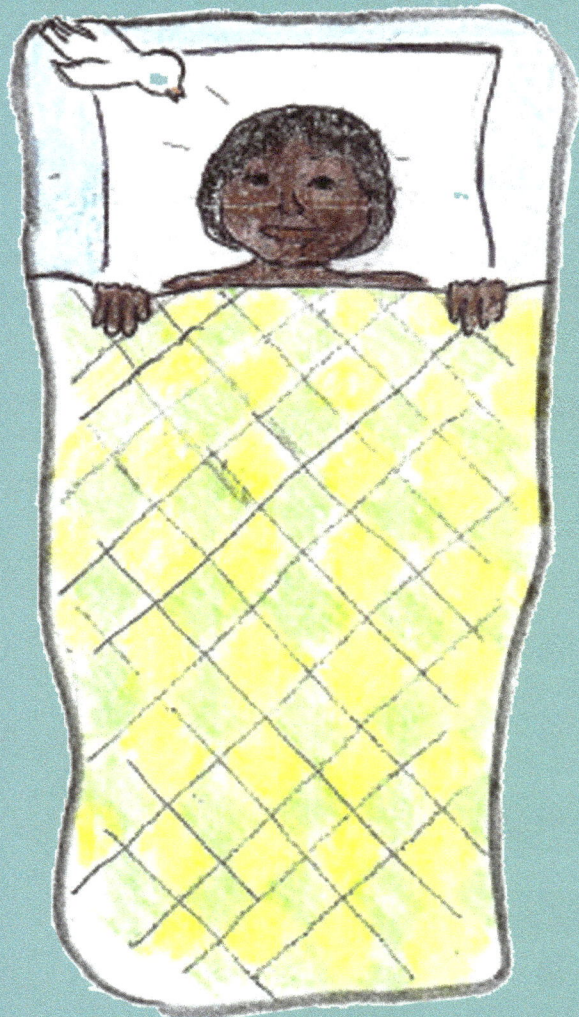

Dios quitó todo el odio que había en el triste corazoncito de Helena y lo llenó de AMOR, ¡incluso por las personas que habían intentado matarla! ¡Y también por su familia! ¡Fue un gran milagro!

Helena se volvió una niña muy feliz. Le gustaba ir con la Mamá Heidi para hablar a otras personas de Jesús. Un día se atrevió a ir a ver a su propia familia para hablarles de Jesús. Ahora sus hermanos también le aman.

Dios se alegraba mucho de ayudar a Helena, y de ser su Papá y su amigo.

A veces, cuando ella se acostaba por la noche,
Él cantaba: …«¡Esta pequeña luz es mía! ¡La haré brillar!"

Ella es Helena, ¡la luz brillante y resplandeciente cuyo rostro brilla cada vez más!

Rescatando pequeños en Mozambique

Después de su visión de Jesús, Heidi Baker afirma: «A partir de ese día he aceptado a todos los niños huérfanos que Él ha puesto delante de mí, y he pedido a mis colaboradores que hagan lo mismo. En los quince años siguientes, he aprendido mucho acerca de la provisión de Dios para los pobres. He visto encantada cómo Dios ponía pan en nuestras manos para que los niños comieran. Por Su gracia todos los días tenemos suficiente comida. Después de aquella visión, los ministerios Iris han pasado de cuidar a 320 niños a más de 6.000 (a principios de 2007). ¡Nuestra meta actual es alcanzar el millón!».

Para conocer mejor a Rolando y Heidi Baker, y los milagros en Mozambique, visite la página www.irisglobal.org. Descubra un lugar muy difícil —con guerra, enfermedad, hambruna y pobreza— y ¡cómo el Cielo está tocando allí la tierra! Lea más en su libro *Siempre Hay Suficiente*.

Iris Ministries
Designe: 'PARA LOS NIÑOS'
P.O. Box 493995
Redding, CA 96049-3995
o visite: www.irisglobal.org.

Secretos para Adultos

Estos son días en que los pequeños son GRANDES en el Reino de Dios. Los pequeños tienen conciencia espiritual; ven monstruos y ángeles. Sueñan y visitan el Cielo. Oyen hablar a Dios.

Cuando los pequeñitos llegan a este mundo, los ADULTOS piensan que no saben nada. ¡ESTÁN MUY EQUIVOCADOS! Si usted quiere conocer el 'mundo real', busque una mecedora y suba en su regazo a un pequeñito, cuyo cerebro no haya sido 'lavado' por la televisión y los cuentos de hadas. Si escucha atentamente, descubrirá que Dios está muy cerca.

Pregúntele: «¿Cómo crees que es Dios? ¿Qué dice Dios cuando te habla? ¿En qué soñaste anoche? ¿Has visto alguna vez un ángel? Cuéntamelo para que yo también sepa como son. ¿Te ha cantado Dios alguna vez?»

Jesús dijo: «Dejad a los niños venir a mí, y no se lo impidáis». (Mt. 19:14) También dijo: «Hasta que los ADULTOS no se hagan como niños, no podrán realmente ver (el 'mundo' real)." Estas historias se cuentan con la sencillez del mundo infantil, en el que cualquier cosa que Dios dice o hace es creíble. Oro para que usted aprenda a conocer mejor a Dios al contemplarle con los niños. Él les capacita para hacer GRANDES COSAS. Y ellos las hacen tan fácilmente, que ¡uno ni siquiera sabe que están sucediendo!

Una cosa más……Dios está hablando a muchos ADULTOS acerca de ir a buscar a los pequeños perdidos y abandonados. Los están encontrando, tomándolos en brazos como hiciera Él, y llevándolos a casa. En un mundo en el que el 50% de la población son menores de quince años y hay 143 millones de huérfanos, los ADULTOS deben oír lo que Dios está diciendo. Lou Engle (la Llamada EEUU) está llamando a un millón de adopciones. «Que un nuevo tren subterráneo salga del corazón del pueblo de Dios.» Los niños valen MUCHO para Dios. ¿Y para usted?

Visite nuestra página web: godslilpeople.com. Comparta y aprenda nuevas ideas para criar niños con mentalidad celestial. ¿Qué le está diciendo Dios acerca de los pequeños?

www.ingramcontent.com/pod-product-compliance
Lightning Source LLC
Chambersburg PA
CBHW041435040426
42452CB00023B/2979